DISSERTATION

SUR

LA SAINTE TUNIQUE

DE

NOSTRE SEIGNEUR

JESUS-CHRIST,

QUI EST CONSERVEE

dans le Prieuré d'Argenteüil.

Par M. GABRIEL DE GAVMONT, Prestre
Seigneur de Chevannes.

Seconde Edition, reveuë & corrigée.

Ex dono Autoris

A PARIS,

Chez FLORENTIN LAMBERT, ruë
saint Jacques, devant saint Yves.

M. DC. LXVII.

Avec Permission.

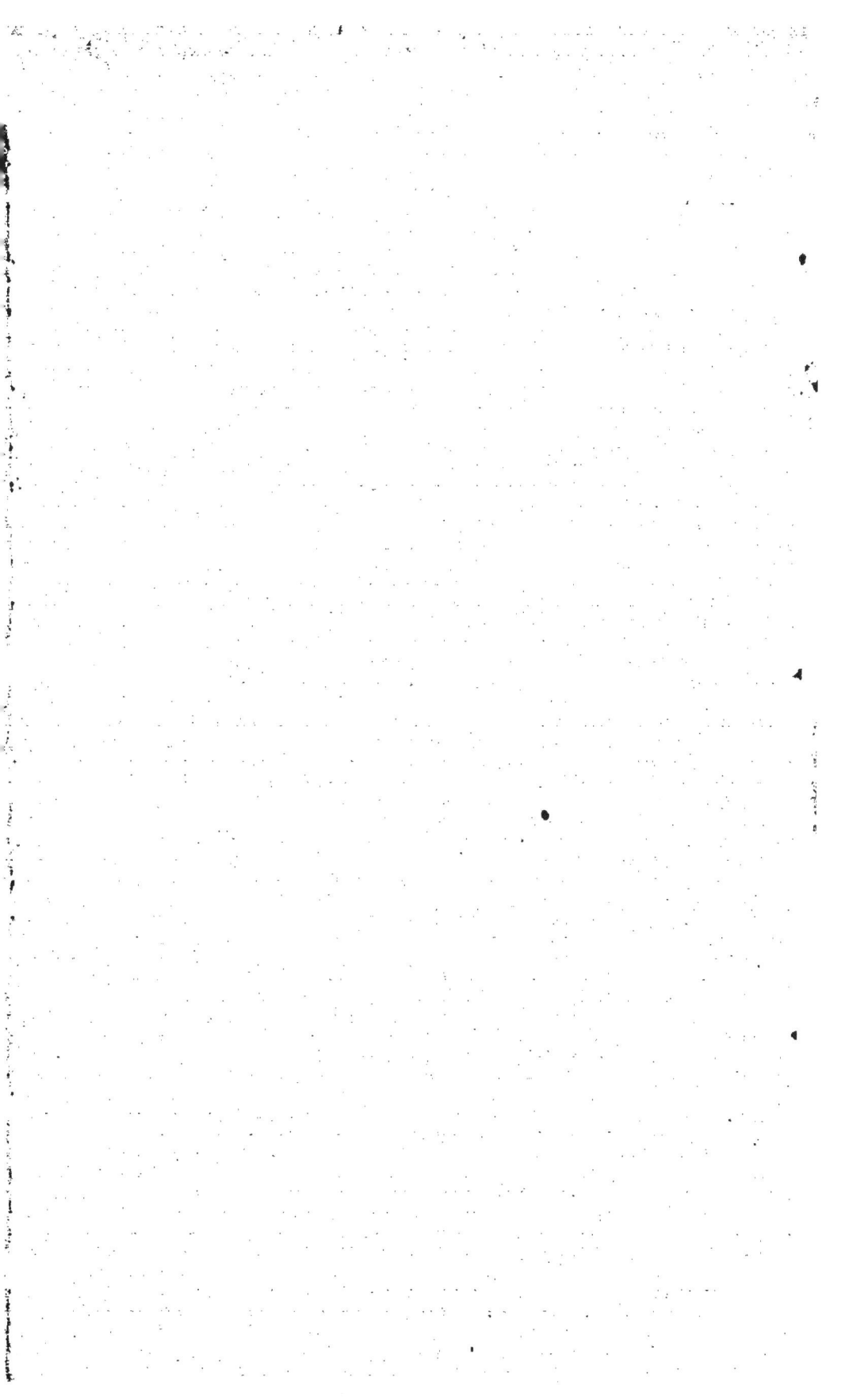

A LA RE NE
DU CIEL.

TRES *Sainte Vierge,*
le peu de Foy de plu-
sieurs Chrêtiens m'oblige de
vous representer ce sacré vê-
tement, & vous adresser les
paroles qui furent dites au-
trefois à l'oceasion de Ioseph,
qui étoit l'une des plus di-
gnes figures de vôtre adora-
ble Fils; Hanc invenimus,
vide utrum Tunica Filij
tui sit annon. GENES. 37.
Nous l'avons trouvée,
voyez si c'est la Tunique de
vôtre Fils ou non? Celle qui
étoit l'ouvrage de vos sain-
tes mains, arrosée & teinte
de ses sueurs, & de son pre-

cieux Sang ; plusieurs Heretiques ont recherché des moyens pour en obscurcir la connoissance : & d'autres qui n'ont pas eu des intentions si perverses, soit par foiblesse ou par curiosité, desireroient des preuves de ce qui la concerne. Ie vous offre ce petit Traité, & vous supplie dans une entiere confiance, d'obtenir grace pour ceux qui le liront, afin qu'ils croyent, & que vivifiant leur Foy comme cette femme de l'Evangile il en éprouvent avec tant de fideles, la vertu & le secours dans leurs besoins.

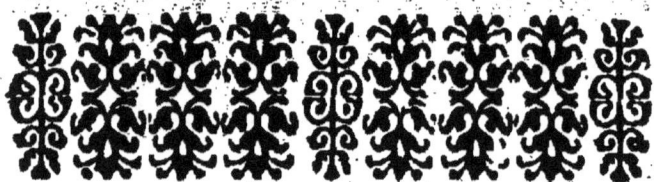

DISSERTATION

SUR

LA SAINTE TUNIQUE

DE

NOSTRE SEIGNEUR

JESUS-CHRIST,

Qui est conservée dans le Prieuré d'Argenteüil.

Es Peres de l'Eglise, & plusieurs Auteurs, ayant traité suffisamment de la sainte Tunique de Nôtre-Seigneur, pour inspirer aux Chrétiens les sentimens de veneration qu'ils en doivent avoir, je n'ay pas estimé devoir repeter

A

ce qu'ils ont dit ; mais seulement
contribuer par mes soins à l'é-
claircissement des difficultez qui
en concernent l'Histoire & la
possession, & de faire voir comme elle a été recueillie dés le
cómencement par les Chrétiens,
comme elle a été possedée de
temps en temps en plusieurs
lieux, comme en suite ayant été
portée dans Argenteüil, elle a
été ensevelie dans l'oubly par les
guerres & la ruïne du lieu, &
comme enfin l'Eglise ayant été
rebâtie, elle a été trouvée par
miracle, reconnuë de tout le
monde, & conservée jusqu'à present dans le même lieu.

Il est remarqué par Gregoire
de Tours au livre de la Gloire
des Martyrs, chapitre 2. Que la
Relique ne fut pas long-temps
entre les mains des Infideles, &
que les Chrêtiens eurent soin de
la retirer, cela étoit de leur pieté, & de ce que plusieurs ont entrepris d'en faire la description,

il s'ensuit qu'ils en ont eû la connoissance.

Durant les quatre premiers siecles les Reliques ont été tenuës fort secretes és lieux où elles étoient. C'est pourquoy il ne faut point s'étonner si ceux qui en ont traité, n'ont point fait mention d'aucun lieu, ce qui est commun pour toutes les Reliques.

Le premier Autheur qui ait parlé du lieu où elle fut deposée, a été le même Gregoire de Tours lequel au Livre des Miracles Chapitre 8. dit avoir apris de quelques-uns qu'elle étoit dans la Galatie, dans l'Eglise des Archanges dans un caveau fort secret. *In crypta abditissima.* Sozomene semble faire mention de cette Eglise Histoire Tripartite livre 2. Chapitre 19. où il dit que du temps de Constantin c'étoit un Temple de Vesta, qu'il fut dedié & appellé l'Eglise de saint Michel parce que saint Michel y apparoissoit souvent : *Michaelium.* mais comme il traite des

A ij

miracles qui se faisoient en ce lieu & qu'il neparle point de la Relique, il faut que de son temps qui étoit le commencement du cinquiéme siecle, elle y fût tenuë fort secrettement, ainsi qu'il est remarqué par Gregoire de Tours, ou qu'elle n'y eût pas encore été portée.

Le Pere Dom Gabriel Gerberon Benedictin qui a écrit depuis peu sur ce sujet, doute que la Relique ait été en cette Eglise pour trois raisons, la premiere parce que celle dont parle Sozomene n'étoit point dans la Galatie, la seconde parceque Sozomene qui traite fort au long de la devotion des Archanges en ce lieu n'a point parlé de la Relique, & la troisiéme que cette Eglise étoit un Temple d'Idoles auparavant Constantin & qu'il n'y a point d'apparence que la Relique y eût été mise.

La premiere difficulté est commune avec le Pere Dom Gabriel,

& comme il ne se trouve point qu'il y ait eü dans toute la Galatie aucune Eglise dediée aux Archanges, il s'ensuit qu'il pouvoit y avoir erreur quant au lieu au raport qui en fut fait à Gregoire de Tours, & puisque cet Autheur parle precisémét d'une Eglise des Archanges & non pas des Anges & des Archanges en general, il s'ensuit que ce qu'il dit à plus de raport à l'Eglise dont Sozomene a fait la description.

Pour ce qui est des deux autres raisons de douter je répons que Gregoire de Tours a parlé de son temps qui étoit fort éloigné de celuy de Sozomene & que le Pere se trompe de croire que la Relique ait deu être dans un même lieu depuis le commencement de l'Eglise jusques au sixiéme siecle, & pour me servir de son raisonnement il s'ensuiveroit que ceux qui ont traité des Eglises dediez aux saints Anges en d'autres lieux n'auroient pas manqué de faire mention de la Relique ſi elle y eût été. J'a-joûte auſſi que les Tranſlations ont été fort frequentes durant les premiers ſiecles & que même depuis celle dont parle Gregoire de Tours il y en eut encor une autre, car au temps dont il fait mention elle étoit dans un coffre de bois & lors qu'el le fut trou-vée dans la Ville de Zaphat elle étoit dans un coffre de marbre.

Depuis ce temps, il n'y a point eu de memoire de cette Egliſe, & il y a apparence qu'el-le fut détruite ou pillée dans le ſixiéme ſiecle, environ le temps de Gregoire de Tours, & que la Relique fut portée en la ville de Zaphat, où elle fut incon-nuë juſqu'en l'année 594. Au-quel temps Fredeguier en ſon Appendice ſous le regne de Gondran, Aymoin & Sigebert en leurs Chroniques, rappor-tent que Simeon Juif preſſé par la violence des peines qu'il ſouf-

froit , fut obligé de la reveler
& dire où elle étoit dans un coffre de marbre : Ce qui donna
lieu à une assemblée solemnelle
des Prelats d'Antioche, de Constantinople , de Jerusalem , &
de plusieurs autres qui la porte-
rent avec devotion dans la ville
de Jerusalem où elle fut mise a-
vec le coffre de marbre, au lieu
où étoit la sainte Croix , Aymoin dit , au lieu où on ado-
re la sainte Croix. *Herman-*
nus Contractus Benedictin lequel vivoit en l'an mil quarante, dit le même en ses Chroniques sur l'année 590. & nomme
ladite ville de Saphad, ou selon
une autre édition Hephad, &
qu'apres un jeûne de trois jours
elle fut portée avec grand respect dans la ville de Jerusalem.

Baronius semble douter de la
verité de cette Translation & du
témoignage de Sigebert, comme
étant contraire à celuy de Gregoire de Tours ; mais il est faci-

le de les concilier , celuy-cy
ayant écrit du temps qui l'a pre-
cedé & ce qu'il en a oüy dire,
l'autre ce qui s'eſt paſſé depuis
le temps & l'Hiſtoire de Gregoire de Tours. En ſecond lieu
Fredeguier qui a dit le même auparavant avec Aymoin, & qui a
fait cette remarque en ſon Appendice ſur Gregoire de Tours,
n'a pas pû ignorer ce que le méme Gregoire de Tours en avoſt
écrit. En troiſiéme lieu Aymoin
ajoûte , que le bruit de cette découverte étoit répandu par tous
les confins de la France. Enfin
tous les Autheurs qui ont écrit
depuis ont ſuivy ces témoigna-
ges, comme Vincent de Beau-
vais : C'eſt pourquoy Baronius,
lequel d'ailleurs ne parle que de
Sigebert , n'a point eu lieu de
faire cette difficulté.

Famæ per to-
tos Franco-
rum divulga-
vit fines.

Ce qui a été dit par les Autheurs cy-deſſus, que la ſainte
Tunique fut miſe avec le coffre
de marbre au lieu où on adoroit

la sainte Croix, se doit entendre du méme Reliquaire de la Croix, & non pas du Tresor dans lequel elle étoit; d'autant qu'il y avoit bien d'autres Reliques dans le Tresor, & ces termes pris à la rigueur n'auroient pas été une circonstance assez remarquable pour la rapporter.

Aymoin au lieu allegué cy-dessus, le dit plus clairement en ces termes; *avec le coffre de marbre dans lequel elle avoit été auparavant*, car paroissant par ce que dit cét Autheur, que la Relique ne fut pas remise dans le coffre de marbre dans lequel elle avoit été, & d'ailleurs n'étant pas exprimé que l'on eût fait faire une Challe particuliere pour la mettre, il s'ensuit qu'elle fut mise dans le Reliquaire où étoit la sainte Croix, & que le coffre de marbre fut mis separément dans le Tresor par respect, à cause qu'il avoit touché la Relique, ainsi que Gre-

Cum ipsah qua prius fuerat marmorea arca.

goire de Tours rapporte au lieu cy-deſſus, que les Chrétiens avoient en grande veneration le bois qui avoit enfermé la Reliques, lors qu'elle étoit dans la Galatie.

Ce Reliquaire contenoit la meilleure partie de la Croix, comme il eſt remarqué par Nicephore, hiſtoire Eccleſiaſtique, livre 8. chapitre 20. Et cette partie n'étoit pas un bois continu mais de pluſieurs morceaux, ſuivant le rapport de Suidas au lieu où il parle d'*Heraclius*, de ſorte que c'étoit un coffre d'une grandeur notable, c'eſt pourquoy il étoit facile d'y mettre auſſi la Relique.

De-là vint que lors de la priſe de la ville de Jeruſalem par Choſroës, il ne fut point fait mention de la ſainte Tunique parmy les Reliques qui furent emportées avec la ſainte Croix, quoy qu'elle fuſt trop conſiderable pour être obmiſe, & que

Cuius partem maximam divina Helena argenteæ cillæ incluſam ; Epiſcopo ad memoriam poſterarum generatio-num reliquit. Acceptis vivificis lignis, &c. αὑτὸς ἡ λαϐδι τὰ ζωο-ποιά ξύλα.

lors que la Croix fut renduë, l'Empereur Heraclius n'en fit point aussi de demande particuliere, parce qu'elles étoient ensemble, & d'autant que le Seau de la Chasse qui pouvoit être ancien, ne fut point levé lors de la prise de Jerusalem, ny durant la captivité, & qu'il fut reconnu entier apres le retour de Perse, comme il est remarqué par Suidas au lieu cy-dessus, il ne fut parlé que de la Croix, comme étant la principale Relique, soit qu'alors on sçeût ou qu'on ignoraft que l'autre y étoit comprise.

Ces observations se peuvent confirmer par un Verset & par une Oraison ou memoire de la Croix qui se trouvent dans la Messe que l'on chantoit au jour de la Transl ation de la sainte Relique contenuë dans un ancien Graduël d'Argenteüil, Le Verset est en ces termes.

Faisons retentir harmonieuse- Laudes jubi-
ment les loüanges de Dieu, glo- lationis Divi-
nitati unicæ

rifions-le avec joye en ce jour fo- lemnel de la Tranflation de la fainte Tunique fans coûture, re- gardons-là comme le Symbole de nôtre bon-heur, & comme une marque precieufe de nôtre Re- demption : elle nous peut efficace- ment fervir pour la fanté du corps & de l'ame, elle eft une livrée d'honneur pour nous, on l'a auffi precieufement confervée avec le facré bois de la Croix, elle en a été la compagne. Ces derniers termes feroient inutiles, fi lors de la Tranflation elle n'étoit pas avec la fainte Croix.

En fecond lieu, l'Oraifon ou memoire de la Croix n'eft point dans la Meffe votive, mais feu- lement dans celle de la Tranfla- tion, ce qui fait connoître évi- demment qu'elle n'a pû avoir été adjoûtée pour autre fujet, la premiere circonftance marque l'union des deux & la feconde qui eft cette Oraifon, un hon- neur & un reffouvenir que l'E- glife

glife d'Argenteüil en vouloit conferver. Ces termes, *Elle a été aufsi compagne de la Croix*, n'induifent pas fimplement que cette Relique avoit été apportée du mème lieu où étoit la Croix, n'y qu'elle avoit été mife dans le mefme coffre comme il a été dit, mais encore qu'elle fut compagne de la Croix dans tous les lieux où elle fut portée, dans une mefme Chafle & fous un mème Seau.

Comes quoque fuit Crucis.

L'Eglife a toûjours confervé un pieux reffouvenir de cet heureux accompagnement, de forte qu'au tems d'une Proceffion folemnelle qui fut faite dans Paris en l'an 1534. On fit apporter la fainte Tunique d'Argenteüil pour ètre avec la Croix, la Couronne d'Efpines, & les autres Reliques de la fainte Chappelle comme il eft raporté dans le Ceremonial François, volume 2, page 941.

Le Pere Dom Gabriel Gerbe-

B

ron au chap. 10. de son histoire, rejette ces preuves côme n'étant pas assez convainquantes, & adjoûte que ce sentiment engage à des suittes qu'il ne seroit pas aysé de déveloper, n'estant pas facile de croire que la Tunique de N.S. ayt esté transportée dans tous les lieux ou le fut la sainte Croix, sans qu'il en ayt esté fait aucune mention, & qu'il est plus seur de croire que la Relique demeura dans Jerusalem jusques à ce qu'elle fut aportée en France ; mais outre que son sentiment est sans appuy, il engage à des suittes très fâcheuses, & qui vont à égarer ou à nous obscurcir la connoissance de la Relique, car il est constant que lors de la prise de Jerusalem par Chosroës en l'an 614. les lieux Saints furent ruïnez & brûlez, les Chrestiens vendus aux Juifs & le Patriarche emmené en Perse avec de grandes dépoüilles, de sorte que si la Relique ne fut point em-

Theoph. Misc.
cell. lib. 18.
Baron. ad an-
num 614.

portée avec la Croix on ne peut
plus dire ce qu'elle devint ny
qu'elle ayt esté renduë ou repor-
tée dans la ville de Jerusalem,
C'est pourquoy il est bien plus
seur de suivre les deux Autheurs
alleguez cy-dessus dont l'un est
fort celebre.

La sainte Relique estant raportée de Perse avec la Croix fut
mise premierement dans Constantinople en l'an 627. & l'année suivante elle fut transferée
à Jerusalem, mais elle n'y demeura pas long-temps pour la
crainte que l'Empereur eut du
siége & de la prise de la ville, ce
qui l'obligea de la reporter pour
la seconde fois à Constantinople, & deux ans apres Jerusalem fut prise par les Sarazins qui
l'ont toûjours gardée jusques à
l'an 1099.

Supposé que la Relique eût
esté dans le tresor de Jerusalem
separément de la sainte Croix,
on pourroit douter qu'elle eut

esté portée en même-temps dans Constantinople parce que l'histoire ne fait mention que de la Croix ; mais si on considere le motif d'Heraclius qui estoit la crainte de la prise de la ville de Jerusalem, on ne doit point faire difficulté de croire le même de la sainte Tunique & des autres Reliques qui y estoient, car il n'y a point d'aparence qu'il eut negligé & abandonné tout ce qu'il y avoit de precieux dans le trésor : Nous voyons d'ailleurs qu'il y avoit dans Constantinople une grande quantité de Reliques qui ne pouvoient venir que de Jerusalem, & que tout ce que nous avons à present dans la sainte Chapelle de Paris, y

Quasreliquias olim in Constantinopolitana urbe venerabiliter collatas, &c,

estoit conservé avec la Croix depuis un tres long-tems comme il est remarqué par la Charte de la concession faite au Roy saint Loüis de l'an 1247. de sorte qu'encor que l'histoire ne fasse mention que de la Croix com-

ſite eſtant la principale Relique, il faut neanmoins entendre en general & que cet Empereur dans ſa juſte apprehenſion
retira tout ce qu'il y avoit de
conſiderable pour le tranſporter
dans Conſtantinople ou le tout
a eſté conſervé juſques au tems
du dernier Empereur à l'excep-
tion de la ſainte Tunique comme il ſera dit incontinent.

L'obſervation cy-deſſus eſt im-
portante pour la poſſeſſion de la
ſainte Relique, car pour dire
qu'elle a toûjours eſté dans la
ville de Jeruſalem juſques au
tems qu'elle fut envoyée en
France, on eſt obligé de mon-
trer comment elle fut conſervée par les infideles, & comment l'Imperatrice Irené qui ne
l'avoit pas en ſa poſſeſſion (puis
qu'elle eſtoit dans Jeruſalem) la
pût donner à Charlemagne. Les
authoritez meſme que le Pere
Dom Gabriel allegue au chapitre 13 de ſon hiſtoire ſe contre-
diſent.   B iij

Je sçay-bien que la premiere & la derniere sont fondées sur ce qui est raporté par Doublet dans ses antiquitez livre 4 ch. 3. Mais le Reverend Pere le Cointe de l'Oratoire en a traité dans ses annales Ecclesiastiques sur l'année 800. nombre 28, & suivans où il montre que Charlemagne n'a point fait de voyage en Orient, & que les memoires raportez par Doublet sont fabuleux. C'est pourquoy il faut retourner à Constantinople pour y trouver la relique.

On ne peut pas dire combien de tems la sainte Tunique fut gardée dans Constantinople depuis l'an 633. qu'elle y fut transferée pour la seconde fois avec la Croix par l'Empereur Heraclius, ny aussi comment & par quelle occasion elle fut transferée dans Argenteüil, parce que les titres qui en faisoient mention & qui estoient avec la Relique, comme il sera dit cy-apres, ont esté perdus lors que la Chasse fut pillée par les heretiques ; mais il y a preuve que la Relique a esté veuë dans le Royaume souz le regne de Charles le Chauve, & qu'en ce tems elle estoit dans Argenteüil.

Que la Relique ayt esté connuë au tems de Charles le Chauve, la Charte de S. Edoüard Roy d'Angleterre, de l'an 1066. raportée par plusieurs Autheurs y est expresse. Ce saint Roy declare que pour satisfaire aux conditions d'une dispense qui luy avoit esté accordée par le Pape, il a entrepris de rebastir entierement l'Eglise de S. Pierre de Wesmonster & qu'apres l'avoir achevée, il y a deposé quantité de Reliques, sçavoir deux parties de la Croix de Nôtre-Seigneur Jesus-Christ, une partie d'un clou & une partie de la Tunique sans coûture, des vestemens de la Sainte Vierge, des Reliques de S. Pierre & de saint

Concil. Angl. tom. 1. p. 629 Monasticon Anglic. pag. 59.

In qua (basilica) collocavi ipsa die reliquias quas Martinus Papa & Leo qui eum consecravit dederunt Alfredo regi, & quas ipse a Charlem. anno rege francorū datī sibi impetravit, cujus filiam pater ejus Ethelvulphus Rex post mortem primæ conjugis duxerat in uxorē quæque ab ipso ad successorem ejus Ethelstæ

B iij

num , deinde ad Edgarum , ad ultimum ad nos pervenerunt scilicet duas partes crucis Domini & parté unius clavi , partem quæ Tunicæ ejus in consutilis , & de vestimentis sanctæ Mariæ. Reliquias Apostolorum Petri & Pauli, Andreæ, Bartholomæi , Barnabæ, & aliorum plurimorum Sanctorum. Et quinque capsas alijs sanctorú reliquijs plenas.

Paul , de S. André , de S. Barthelemy , de S. Barnabé & de plusieurs autres Saints , avec cinq coffres pleins des Reliques. Il adjoûte que le tout avoit esté donné par le Pape Martin , le Pape Leon & par Charles le Chauve Roy de France à Alfrede dont le pere nommé Ethelvulphus Roy d'Angleterre avoit épousé la fille en secondes nopces , qu'apres le deceds d'Alfrede elles avoient esté possedées par Ethelstanus , puis par Edgarus , & qu'enfin il les avoit receuës par succession.

Le vœu de saint Edoüard , la dispense qui luy en fut accordée par le Pape Victor , approuvée par Nicolas second & le bastiment de l'Eglise de Wesmonster passent pour une histoire constante suivant les lettres de part & d'autre raportées par saint Ralrede en la vie du saint.

Les autres circonstances, qu'Ethelvulphus Roy d'Angleterre

apud Surium,

avoit épousé en secondes nopces la fille de Charles le Chauve, que son fils Alfrede fut sacré Roy par le Pape Leon, & que le Pape Martin luy fit present de plusieurs Reliques, sont encor évidentes par l'histoire des Conciles d'Angleterre & par Matthieu de Wesmonster.

Math. Vvesm; anno 884.

On peut faire neanmoins deux difficultez sur la Charte, l'une qu'il n'y est point parlé de Charles le Chauve, mais seulement de Carloman qui a vécu longtems auparavant Alfrede. L'autre qu'il y est fait mention du Pape Martin qui en estoit encor fort éloigné.

Pour réponse & pour l'intelligence de la Charte il faut remarquer que Charles & Carloman n'estoiét qu'un même nom, c'est pourquoy Theophanes qui a vécu dans ces tems, parlant des deux enfans de Pepin, appelle Carloman Charles & l'autre Charlemagne, ce qui est

Teophanes pag. 319.

Concil. Anglic. pag. 353. Xcù per annû continuum in Curia Romana mort tra. xifler, rediens in Franclam filiam Caroli Calvi fibi affumpfit in uxorem.

confirmé par l'Autheur des Conciles d'Angleterre où il dit qu'Ethelvulphus a fon retour de Rome en France époufa la fille de Charles le Chauve.

Quant au Pape Martin, c'eſtoit Marin qui fut auſſi appellé Martin fecond , Marin fecond fut auſſi appellé Martin troiſiéme , & c'eſt le fens de ceux qui difent que le Concile de Conſtance a eſté tenu fous Martin cinquiéme qui n'eſtoit neanmoins que le troiſiéme de ce nom , mais le cinquiéme en y comprenant les Papes Martin premier & fecond qui furent auſſi appellez de ce nom.

Suppofé la verité de la Charte , il n'y a point d'aparence que la Relique eut eſté donnée par les Papes Martin ou Leon n'y ayant point d'hiſtoire qui marque qu'elle eut eſté à Rome , & d'ailleurs, Mathieu de Weſtmonſter qui dit que le Pape Martin fit pluſieurs prefens à Alfrede &

entr'autres d'une partie de la
Croix n'auroit pas manqué de
faire auſſi mention de la partie
de la ſainte Tunique qu'il avoit
lors dans ſon Egliſe ſi elle eut
eſté donnée à Alfrede par l'un
de ces deux Papes.

Il eſt certain qu'au tems de
Charles le Chauve, la Relique
n'étoit plus dans Conſtantinople, ſuivant la Charte, nyauſſi
dans l'Allemagne car il n'eſtoit
pas encor Empereur mais ſeule-
ment Roy de France comme il
eſt qualifié par la Charte d'où
il s'enſuit que la Relique devoit
eſtre en France & dans un lieu
de ſon obeïſſance.

Nous voyons auſſi par la même Charte qu'il n'eſt pas ſimple-
ment fait mention de Charles
le Chauve comme des Papes
Martin & Leon, mais il eſt parlé d'Ethelvulphus & de ſon mariage pour donner à entendre
que la meilleure partie des Reliques venoient de Charles le

Chauve & qu'Alfrede prit cette occasion de les demander.

La même Charte fait aussi connoistre que les Reliques qui furent obtenuës de Charles le Chauve n'estoient pas en sa possession , mais qu'il permit de les prendre aux lieux où elles estoient & quoy que le bourg d'Argenteüil où estoit la Relique ne soit point exprimé , il est aisé de faire voir qu'elle y estoit au même-tems de Charles le Chauve, parce qu'il y a preuve qu'elle y fut trouvée par revelation en l'an 1156. qu'il y avoit plusieurs siecles qu'elle y estoit inconnuë , & que le tems de la ruïne du Monastere qui obligea les Religieuses de quitter & de mettre la Relique à couvert revient precisement à celuy de Charles le Chauve.

Que la Relique fut trouvée dans Argenteüil en l'an unze cent cinquante six , le temoignage de Robert Abbé du mont saint faint Michel y eſt formel dans le ſupplement des Chroniques de de Sigebert ; il eſtoit de méme-tems , de la méme année & amy de Hugues Archevêque de Roüen lequel fit la Ceremonie de la découverte : Il dit en la page 774. & ſur la méme année unze cent cinquante ſix que cet Archevêque le vint voir & qu'ils paſſerent quatre jours en converſation ſpirituelle : Et enſuite il raconte la découverte de la Relique en ces termes : *Dans un village du Pariſis , au Monaſtere d'Argenteüil , a eſté trouvée par revelation divine la Cape de Nôtre Sauveur , ſans coûture & de couleur rougeâtre laquelle , ainſi que le donnoient à entendre les titres qui furent trouvez avec icelle , a eſté faite par ſa glorieuſe Mere lorſqu'il eſtoit dans ſon enfance.*

Cét Autheur a eſté ſuivy par les Eſtrangers, comme Mathieu Paris hiſtoire d'Angleterre ſous le regne du Roy Eſtienne : *En*

In pago Parifiaenfi capa Salvatoris noſtri, monaſterio Argentoilo divina revelatione reperta eſt inconſutilis & ſubrufi coloris, quam ficut literæ quæ in ea repertæ indicabant glorioſa illius mater fecit et cum adhuc eſſet puer.

26

dans un village du Parisis, au
Monastere d'Argenteüil, a esté
trouvée par revelation divine, la
Tunique du Sauveur sans coûture & de couleur sombre, laquelle
ainsi que les titres qui estoient
avec icelle le donnoient à entendre, luy avoit esté faite par sa
glorieuse Mere, lors qu'il estoit
enfant.

Mathieu de Wesmontier dit
le même en ses fleurs d'Histoi-
res, page 43. En France a esté
trouvée par revelation divine la
Tunique sans coûture de Nôtre
Seigneur, laquelle ainsi que le
donnoient à entendre les titres qui
estoient avec icelle, fut faite par
sa Mere, & creut à mesure qu'il
croissoit.

On conserve encore dans Argenteüil la Charte de la decou-
verte, laquelle porte que Hugues Archevêque de Roüen, qui
avoit esté Religieux de saint Denis & qui estoit beaucoup esti-

Anno Domini 1156, in pago Parisiacensi Monasterio Argentoilo, Revelatione divina Tunica Salvatoris inconsutilis & sub confusi coloris reperta est, quam sicut litteræ cū ea repertæ indicabant, gloriosa mater ejus fecerat ei, dum adhuc esset puer.

In Francia divina revelatione inventa est Tunica inconsutilis Christi quam sicut litteræ cum ipsa repertæ indicabant mater ejus fecerat ei, & crevit, ipso crescente.

mé du Roy Loüis VII. en fit la ceremonie, accompagné de l'Archevêque de Sens, de l'Evêque de Paris, & de huit autres Evêques, de l'Abbé de saint Denis, & de neuf autres Abbez, en la presence du Roy & de la Cour. La Charte est en ces termes;

A tous les Reverends Peres de l'Eglise Catholique, Hugues humble Evêque de l'Eglise de Roüen, Salut & grace de la divine misericorde. Nous voulons faire connoître à tous, que nous estans assemblez par inspiration divine dans Argenteüil, accompagnez de plusieurs celebres & venerables, l'Archevêque de Sens, & l'Evêque de Paris, de Chartres, d'Orleans, de Troyes, d'Auxerre, de Châlons, d'Evreux, de Mets, de Senlis, & des Venerables Abbez de saint Denis, de saint Germain, de Lagny, de Ferriere, de saint Maur des Fossez, de saint Pharon, de S. Maximin, de saint Magloire, de

Valverſis Catholicæ Eccleſiæ patribus reverendis H. Rothomagenſis Eccleſiæ humilis ſacerdos ſalutê & gratiam divinæ propitiationis. Ad omniſſ volumus notitiam pervenire, quod nos ſupernæ pietatis inſtinctu apud Argentoilum convenientes adjunctis humilitati noſtrenuiltis authenticis & reverêdis perſonis, Archiepiſcopo Senonenſi, Theob. Pariſ. Roberto Carnut.

C ij

Aurellanensi, Trecensi. Antisiod. Catalaunéli, Ebroacensi, Meldensi, Silvanectensi Episcopis sanctis, Abbatibus quoque venerabilibus Odone Abbate beati Dionisij T. S Germani, God. Latiniacensi, Ferrariensi, Fossatensi, S. Pharonis, S. Maximini, S. Maglorij, Pôtiliacési, Mausiniacési, aliis etiam quàm pluribus: Cappam pueri Domini Jesu quæ in ejusdé thesauris Ecclesiæ à temporibus antiquis honore côdigno reposita erat, ad fidellum salutem, humiliter inspeximus & palâ eduximus, & veneratione solêni de

Pontigny, de Morigny, & plusieurs autres.

Nous avons découvert humblement pour le salut des fideles la Cape de l'Enfant Nôtre-Seigneur Jesus, laquelle avoit esté mise dans le Trésor de la même Eglise avec honneur depuis des tems anciens, nous l'avons tirée dehors publiquement, & rendans par une veneration solemnelle le respect qui luy est deu, nous l'avons exposée selon le desir & la devotion des peuples. Là estoit l'Illustre Roy de France Loüis, avec les Seigneurs & premiers Officiers de sa Cour, & une tres-grande assemblée de peuple. Donc pour cette grace tres-insigne & ce vétement dont la sagesse humanisée a daigné se revétir, & en consideration de la sainte presence des Peres cy-dessus, moyennant le secours divin, & par une disposition salutaire a esté ordonné qu'à tous ceux qui viendront en ce lieu & qui demanderont la grace de la misericorde divine, le prix & le fruit de leur devotion soit recompensé par l'Indulgence de leurs fautes. Donc tous ceux qui durant cette année offriront en ce lieu leur servitude & leur devotion en l'honneur du vêtement de Nôtre-Seigneur, nous confians en la plenitude de la divine clemence, s'ils se trouvent engagez en des pechez griefs, nous leur relâchons un an de leur penitence ; s'ils sont détenus de pechez legers ou veniels, nous leur remettons la moitié de leur penitence, nous leur pardonnons semblablement les pechez oubliez. Pour ceux qui par chacun an, durant la Feste & Octave du tressaint Denis, visiteront le même lieu & sacré vétement avec pieté, nous leur remettons quarante jours de leur penitence.

Quant aux enfans qui apres le Baptesme, ou sans le remede d'iceluy, seront decedez par la faute de leur Pere ou Mere, dans

blâ ejus magnificentiæ reverentiam exhibentes, illam desiderio & devotioni populorum obtulimus. Aderat ibidê supereminens & sublimis presentia Illustris Regis Francorû Ludovici cvm proceribus & optimatibus Palatinæ dignitatis maxima consistête frequentia Vu'g. Ob infigne igitur gratiæ celestis illud videlicet indumentum quo sese humanata induere sapientia dignata fuit, & ob sacratissimâ præscriptorum Pa tû præ entiâ 16. propitio salubri dispositione decretum est ut omnib' ibidê venientibus superne miserationis

gratiam pof-
centibus mer-
ces & fructus
fuæ devotio-
nis in indul
gentia veniæ
compenfetur.
Quicunque
igitur hoc
præfenti anno
in loco præ-
nominato in
honorem do-
minicæ veftis
propriam fer-
vitutem &
devotionem
obtulerint,

Nos omni-
bus illis de
clementiæ cæ-
leftis plenitu-
dine confifi,
fi peccatis gra
vibus & ma-
ximis impli-
ci.i fuerint
unius anni
pœnitentiam
relaxamus.
Qui vero le
v.bus j. ve
nialibus deti
nentur, me-
dietatem pœ-
nitentiæ re-
mittimus,
oblita peccata
modo fimili
condonamus.
Annis vero

l'âge de fept ans, nous remettons à leurs parens toute leur peniten-ce, excepté le Vendredy de la femaine, auquel jour fi le Penitent va à l'Eglife, nous luy accordons la même charité que celle que le Preftre luy aura donnée. Que s'il fe rencontre qu'il foit infirme, ou fi c'eft une femme groffe ou debile qui ne puiffe jeûner, qu'elle dife fept fois Pater nofter, & faffe ce qu'elle pourra d'œuvres pies. La paix & falut de Nôtre-Seigneur Jefus-Chrift foit donnée à ceux qui garderont cecy, & ce qui eft jufte, ainfi foit-il. Fait l'an du Verbe Incarné mil cent cinquan-fix, fous le Pape Adrien IV. d'heureufe memoire.

On ne peut pas dire que cette Charte foit fuppofée, tant pour le grand nombre de circonftances qui y font énoncées, qu'à caufe des Autheurs cy-deffus, qui en ont confirmé l'Hiftoire & dont l'un eftoit contemporain. Monfieur du Sauffay a raporté la Charte en son Livre intitulé, *Panoplia Sacerdotalis*, & a fait de fort belles Nottes pour l'éclaircissemét de ce qu'elle contient, & pour faire voir que les Prelats qui y sont nommez étoient de méme-temps : il s'est trompé seulement au fait, en ce qu'il estime que la Relique est un des vétemens de Nôtre-Seigneur mais non pas sa Tunique. Il se fonde sur ce que par la Charte, & par le témoignage de Robet Abbé du Mont saint Michel, elle est appellée *Cappa*, mais outre que ce terme, ainsi que ledit sieur du Sauffay en demeure d'accord, se peut prendre generalement pour toute sorte de vétement : Il est déterminé par le raport de Matthieu Paris & de Matthieu de Westmonstier, lesquels parlent expressément de la Tunique : Aussi ledit sieur du Sauffay n'allegue pas cecy pour assurer, mais pour satisfaire à l'objection de

C iiij

singulis à Festivitate sancti Dionysii usque ad octavas ejusdem loci ipsius & sacratissimæ vestis. venerationem plenis visentibus quadraginta' dies suæ pœnitentiæ remittimus & indulgemus. De parvulis qui baptizati vel sine baptismi remedio infra septem annos per negligentiam parentû mortui sunt, totâ pœnitentiam parentibus eorum remittimus, excepta feria sexta in hebdomada in qua etiam die si ad Ecclesiã pœnitens perrexeritqualem ei charitatem Presbyter dederit talem habeat, si vero infirmus fuerit aut mulier prægnans de.

bilis quæ jeiu
nare nõ poſſit
dicat ſepties,
Pater noſter,
& opere pio
bonum exer-
ceat quod po-
tuerit; omni-
bus autem hæc
& quæ juſta
ſunt conſer-
vantibus ſit
pax & ſalus
Domini no-
ſtri Jeſu Chri-
ſti Amen
Actum anno
Verbi Incar-
nati milleſſi-
mo centeſimo
quinquageſi-
mo ſexto, ſeli-
cis memoriæ
Adriano Pa-
pa quarto,
feliciter.

Calvin, lequel pour combattre la verité de ce vétement diſoit que ceux de Treves & d'Argenteüil pretendoient l'avoir, & qu'il ne pouvoit pas eſtre en deux endroits; à quoy il répond que la Robe pouvoit eſtre dans Argenteüil & la Tunique dans la ville de Treves; ce qu'il a dit ſans en eſtre informé, parce que ceux de Treves ne preten- dent pas avoir la Tunique, mais bien la Robbe que Noſtre-Sei- gneur portoit journellement; ce qui peut faire difficulté eſt qu'ils pretendent que c'eſt le vétement ſans coûture & lequel fut jetté au ſort par les ſoldats qui le cru- cifierent, c'eſt pourquoy il fau- dra diſcuter incontinent ce qu'ils en diſent.

On peut objecter, qu'il n'y a point d'aparence qu'un Arche- vêque de Roüen eût fait cette Ceremonie en la preſence de l'Archevêque de Sens & de l'E- vêque de Paris, ſans qu'ils y

euſſent preſidé : Mais outre qu'en
ce tems il y avoit pluſieurs aſſem-
blées de Prelats & de Conciles,
où celuy du lieu ne preſidoit
point, on peut dire que cét Archevêque avoit eſté Benedictin,
le premier Prelat de ſon Ordre
dans une Egliſe d'iceluy dépen-
dante de l'Abaye de ſaint Denis
qui eſtoit un lieu exempt ; c'é-
toit un homme de grande au-
thorité, qui fut méme employé
auprés du Pape pour rompre le
Mariage du Roy & il faiſoit cette Ceremonie en ſa preſence ;
C'eſtoit auſſi un homme pieux,
ce qui paroiſt par pluſieurs actiós
ſemblables, comme fut la Tranſlation qu'il fit des Reliques de
ſaint Gautier à Pontoiſe, & par
la levée d'un corps Saint qui eſt
raportée par Robert du Mont
en la méme page cy-deſſus de la
méme année 1156.

Il ſe voit par l'inſpection de la
Relique qu'elle eſt conforme à
ce qui en a eſté dit par les Pe-

res & autres qui en ont traité, quant à la matiere, la couleur & la tissure.

Il sera parlé cy-aprés de la matiere. Pour la couleur, Nonnus sur saint Jean, chapitre 19. dit qu'elle estoit vineuse, ce qui se raporte à celle d'Argenteüil, on a peine neantmoins de la nommer precisément parce qu'elle n'est pas en usage, ce qui a fait que les uns disent qu'elle est comme Rose-seche, les autres de tristemy, d'autres de gris-brun; les Autheurs cy-dessus cottez l'ont assez bien décrite en ces termes : *Couleur rougeastre, brune.* Quant à la fabrique, plusieurs disent qu'elle étoit toute d'un fil & en forme de bas d'estame comme Simeon de Cassia, lequel cite Sophronius, d'autres qu'elle estoit en forme de Rezeaux comme saint Cyrille & saint Jean Chrysostome, tous lesquels sentimens reviennent ensemble, pour dire qu'elle n'é-

toit pas tiſſuë comme les autres
étoffes, d'une Chaîne & d'une
Trame, mais d'un ſeul fil, lequel commençoit depuis le haut
juſques en bas, ce qui eſt dans
l'Evangile.

Le Pere Dom Gabriel au
chapitre trois & douze de ſon
hiſtoire traite de la forme de la
ſainte Tunique, il dit qu'elle
eſtoit comme une Chaſuble, &
pour preuve il allegue le témoignage de Calvin auquel il fait
dire que la Robbe que l'on montre à Argenteüil eſt ſemblable à
une Chaſuble dont les Preſtres
ſe ſervent à l'Autel. Monſieur
du Sauſſay raporte l'objection &
les termes de Calvin lequel ne
dit pas l'avoir veuë, mais il dit
que les Catholiques pretendent
qu'elle a eſté diviſée en deux
parties, que l'une eſt dans Argenteüil & l'autre à Treves, &
pour combattre celle qui eſt dans
Argenteüil, il dit que ſuivant
les Autheurs ce vétement qui ſe

Subruſi, ſub-
confuſi colo-
ris, Reticula-
ta. Deſuper
contexta per
totum. Panop-
pl. ſacredor.
lib. 7. part. 1.

voit dans Argenteüil est semblable au vétement des Prestres
qu'on appelle Chasuble, d'où il
infere que ce ne peut pas estre
la Tunique de N. S. n'estant pas
croyable, dit-il, que la Tunique sans coûture de N. S. ayt
été semblable à une Chasuble ;
à quoy Monsieur du Saussay répond assez au long qu'il ne s'ensuit point de ce que disent les
Autheurs que la Tunique de N.
S. soit telle & accuse en cela
d'imposture cét heresiarque.

Panopliæ cle-
ric. parte 2.
cap. 4, pag.
515.

Le Pere Dom Gabriel adjoûte
au méme chap. 3. que Monsieur
du Saussay à vû la Relique dé-
ployée. J'ay leu exactement le
lieu qu'il cite, mais il dit sim-
plement qu'étant à Argenteüil
au Monastere des Ursulines, il
fut dans la grande Eglise où il
vit la sainte Robbe, mais c'est à
dire comme tous les Pelerins,
& il ne dit point qu'on l'eut dé-
ployée pour la luy faire voir.

Quant à l'objection de ceux
de

de Treves, il faut examiner ce qu'ils en difent felon les imprimez faits à Mets & à Treves. Leur tradition eft que fainte Helene étant de retour de fon voyage de la Terre-Sainte fit venir d'Antioche faint Agrice & le fit ordonner Archevêque de Treves, apres la mort de Valentin vingt-fixiéme Evêque du même lieu, qu'elle l'y envoya avec de tres-precieufes Reliques, & que ce Saint apres avoir rebâti le Palais de l'Empereur Conftantin en forme d'Eglife, fit enfermer la fainte Robbe de Nôtre-Seigneur dans un Autel du dernier Chœur avec le faint Clou & une bonne partie de la fainte Croix, où elle fut inconnuë jufques en l'année onze cent quatre-vingts feize, lors que Jean premier de ce nom, faifant renouveller l'Eglife ruïnée par une guerre de dix-ans, fit ouvrir tous les Autels & Chaffes des Reliques, & trouva cette fainte

D

Robbe le premier jour de May Feſte de ſaint Jacques & ſaint Philippes. Ils diſent que cét Habit n'étoit pas celuy que Nôtre-Seigneur Jeſus-Chriſt portoit ny deſſus ny deſſous, mais celuy du milieu qu'il portoit journellement ſur ſon precieux Corps; que c'eſt un long habit d'homme avec des manches aſſez larges, que la façon & forme eſt fort apparente que l'étoffe eſt difficile à diſcerner & n'eſt ny ſoye ny laine, mais plûtoſt ſemblable à une tres-fine Toile, que la couleur eſt auſſi difficile à juger & reſſemble à un brun rougeâtre, qu'elle eſt ſans coûture ny tiſſuë ny couſuë, mais entrelaſſée par tout d'un fil tres-fin, fort preſſé, & d'une façon ſemblable au Camelot; qu'au bout & prés de la liziere il eſt parſemé de fleurs en forme de caracteres, que les plus experts en cét Art ont avoüé que c'eſtoit quelque choſe de ſurpaſſant l'in-

duſtrie humaine qu'ils ne pouvoient connoître ny imiter.

Cette tradition eſt contraire
à l'Hiſtoire rapportée par Gregoire de Tours, Fredeguier, Aimoin, Sigebert & Herman, par
leſquels il paroît que depuis le
tems de ſainte Helene & de ſaint
Agrice, la Relique a été veuë
dans la Galatie, dans Zaphat,
& dans Jeruſalem, ſans compter
les plus recens cy-deſſus alleguez,
comme l'Abbé du Mont S. Michel, Matthieu Paris, & autres,
qui ſont auſſi de conſideration.

En ſecond lieu elle eſt oppo-
ſée à ce qui eſt porté par les
Chartes de ſaint Edoüard &
d'Argenteüil, en ce qu'au-tems
qu'ils diſent que leur Relique
étoit inconnuë dans la ville de
Treves, celle-cy étoit en veneration dans toute l'Egliſe,& particulierement dans le Royaume
de France & d'Angleterre.

En troiſiéme lieu leur croyance que c'étoit la Robe du mi-

D ij

lieu qui étoit sans coûture & qui fut jettée au sort, est contraire à l'Evangile, en S. Jean chapitre 19. verset 23. ERAT AUTEM TUNICA IN CONSUTILIS DESUPER CONTEXTA PER TOTUM. Et au sentiment des Peres & des Historiens qui l'ont expliqué de la seule Tunique.

En quatriéme lieu la matiere & la qualité de ce vétement ne conviennent point à la pauvreté de Nôtre-Seigneur ; Il est bien vray-semblable que ses habits n'étoient pas des plus vils (quoyque quelques-uns l'ayent voulu dire) comme ceux des plus pauvres gens de la campagne & comme ceux du Prophete Helie , de saint Jean Baptiste , des Hermites & de quelques Chrestiens dont parle saint Paul aux Hebreux , chapitre 11. *Ils ont esté çà & là revêtus de peaux de Chevres, gens pauvres, opprimez & affligez , dont le monde n'étoit pas digne.* Et comme ces véte-

Circulerunt in melotis in pellibus caprinis , egentes angustiati, afflicti : quibus dignus non erat mundus.

mens étoient fort rudes, Caſſian
dit au Livre premier chapitre 3.
que l'on fut obligé de les faire
quitter aux Religieux, parce
qu'ils faiſoient peine & les faiſoient eſtimer ſuperbes plûtoſt
qu'humbles ; Nôtre - Seigneur
n'étoit pas, auſſi vêtu comme les
riches, ainſi qu'il le donne à entendre ; parce qu'il dit de ſaint
Jean en S. Luc chap. 7. verſet 25.
Ceux qui ont des Habits precieux
& vivent dans les délices ſont
dans les maiſons des Roys ; Et
comme il a témoigné qu'il étoit
venu pour tous les Hommes &
que pour ce il menoit une vie
commune, à la difference de S.
Jean Baptiſte en S. Luc Chap.
7. verſet 32. & 33. Il eſt ſans
doute que ſes habits étoient
pauvres, mais communs & comme ceux des Apoſtres & des
Diſciples, deſquels il n'a point
été diſtingué par ſes vétemens.

Cette réponſe n'a pas été faite dans la penſée de diminuer

Ecce qui in
Veſte pretioſa
ſunt & deli-
tiis, in domi-
bus Regum
ſunt.

l'eſtime & la devotion que l'on
doit avoir pour ce ſaint vêtement de Treves : mais comme
l'Egliſe nous enſeigne que ſaint
Jacques Apoſtre & premier Evêque de Jeruſalem ſe ſervoit de
vêtemens de lin , & que la rai-
ſon pour laquelle il étoit ainſi
vêtu & non pas de laine comme
les autres , étoit à cauſe du pou-
voir qu'il avoit ſeul d'entrer dans
le Sanctuaire du Temple , où il
étoit continuellement en prieres
ce qui eſt raporté par Egeſippus
dans Euſeb. Hiſtor. Eccleſ. lib.
2 cap. 22. Il s'enſuit d'un côté
que Nôtre-Seigneur n'en avoit
point porté , & que de l'autre ce
vêtement a pû appartenir à ce
ſaint Apôtre & que par providence il a été tiré de l'oubly
en l'année 1196. au tems de ſa
Feſte pour eſtre remis au jour &
à la veneration de ce pays.

Apres avoir montré que la
ſainte Tunique fut trouvée dans
Argenteüil en l'année 1156. Il

faut faire voir qu'elle y estoit aussi lors qu'elle fut reconnuë dans toute l'Eglise souz le regne de Charles le Chauve. Les termes de la Charte de la découverte qui portent que la Relique y étoit depuis des tems anciens, ne se peuvent pas entendre de l'Interval qui s'est passé depuis le rétablissement du Monastere en l'an mil par la Reine Alis, jusques au tems de la découverte, pour dire que la Relique y fut mise par cette Reine & que depuis elle y fut inconnuë jusques en 1156. car Elgaud qui raconte l'histoire du rétablissement & comme cette Reine y remit des filles, n'auroit pas manqué de parler de la Relique, les Religieuses ne l'auroient pas oubliée si-tost, & les Moines de S. Denys que Suger y fit rentrer, n'auroient pas eu besoin de revelation pour la reconnoistre ; C'est pourquoy il faut remonter encor plus haut jusques

au tems de la ruïne entiere du
lieu qui obligea les Religieuses
de l'abandonner ; Or il est certain que le Monastere subsistoit
au tems de Loüis le débonnai-
re , parce que les Religieux de
saint Denys luy presenterent Re-
queste pour y r'entrer comme il
sera dit cy-apres ; il est aussi évi-
dent qu'il n'y a point eu depuis
aucune guerre qui pût causer une
ruïne entiere que celle des Nor-
mans qui arriva sous l'Empire
ou environ la fin de Charles le
Chauve , d'où il s'ensuit que la
Relique qui fut veuë sous son
regne auparavant qu'il fut Empereur & qu'il n'avoit pas en sa
possession étoit dans Argenteüil,
& que peu apres le Monastere
étant détruy & les Religieuses
obligées de se retirer , ont eut
soin de mettre à couvert la Relique dans un lieu particulier où
enfin elle fut reconnuë par revelation en l'année 1156. Encore
qu'on ne puisse pas remarquer si

precisément le tems de la translation, il y en a neanmoins de
bonnes conjectures.

Il n'y a point d'aparence que
ce fut auparavant Charlemagne,
car il y en auroit eu des Chartes ou des memoires dans l'Abbaye de saint Denis dont Argenteüil étoit une dépendance.

Il faut aussi remarquer que
Charlemagne traita avec l'Abbé
& les Religieux de saint Denis,
pour mettre des Religieuses dans
Argenteüil & y preposer sa fille
Theodrade, comme il est raporté
té par Suger, à la charge qu'a-
près le décez de sa fille, le Monastere retournoit aux Religieux,
suivant la Charte de Louïs le
Debonnaire aussi raportée par
Suger ; Cela étant les Religieux
en quittant le Monastere n'auroient pas manqué de retirer la
Relique, ou de stipuler qu'elle
leur feroit renduë comme étant
le plus riche ornement de cette
Eglise, & il en auroit été fait

mention, c'eſt pourquoy il n'y a point d'aparence qu'auparavant Charlemagne on eût ouy parler de la Relique.

Il n'eſt point croyable qu'elle y ait été aportée depuis Charlemagne, parce que d'un côté Louïs le Debonnaire n'eut pas grâde eſtime pour ſa Sœur Theodrade, ayant été même obligé de la renvoyer de la Cour dans ſon Monaſtere, ainſi qu'il eſt raporté par Nithar qui étoit ſon Beau-Frere; Et d'ailleurs ſa ſœur étant decedée & les Religieux ayans fait inſtance aupres de luy pour leur rétabliſſement dans Argenteüil, cela ne peût être executé à l'occaſion des troubles & de la diviſion de ſes enfans, comme il eſt remarqué par la Charte du tems de leur rétabliſſement & raporté par Suger, d'où il s'enſuit que la Tranſlation de la Relique dans Argenteüil n'a peu être faite depuis Charlemagne, & que c'eſt luy

Sed turbatione regni filiorum filii ejus videlicet Ludovici pij al. tercatione quoad ipſe vixerit profici non potuit.

qui en a fait le don à cette Eglife.

Ce Prince a pû avoir cette Relique par l'Alliance qu'il voulut faire avec l'Imperatrice de Conftantinople dont parlent Eginard & Theophanes, & Favin dans fon hiftoire de Navarre dit qu'elle luy fit prefent de plufieurs Reliques & entre autres de celle-cy.

Il fe void auffi par ce qui a été dit cy-deffus, que Charlemagne a eu grande eftime pour l'Eglife d'Argenteüil, qu'il en fit transferer les Religieux pour y mettre des Religieufes & qu'il y prepofa fa Fille, de forte qu'il eft fans doute que ce qu'il avoit de plus rare & de plus faint il le referva pour cette Eglife, laquelle d'ailleurs étoit dediée à la Sainte Vierge, ce qui fut peut-êtrre le motif d'y donner la Relique & d'y mettre fa Fille.

Le Monaftere étoit lors d'une bien plus grande étenduë, parce que l'on a découvert depuis peu que le Jardin d'apresent est remply de quantité de fondations anciennes & que ce qui sert de cour, étoit autre fois un Cloître ou un Cimetiere.

Lors de la Translation, on fit faire dans l'Eglise un lieu propre pour mettre la Relique entre deux piliers auprès de l'Autel, & il y a grande aparence que c'est le même qui se voit encore aujourd'huy, parce que la Charte porte expressement que le lieu où la Relique avoit été depuis un tres-long-tems, étoit fort propre pour la garder : c'est pourquoy il n'y a point d'aparence que depuis on en ait fait faire un autre, & la disposition presente fait assez juger qu'il a été ainsi bâti lors qu'il y avoit des Religieuses & pour leur commodité. Ce lieu n'étoit pas du dessein de l'Eglise, qui étoit cent ans auparavant, comme il est remarqué

qué par Du Breüil , fondé fur
une Charte ancienne qu'il raporte dans fes antiquitez. On y
a fait depuis peu quelque ornement de plâtre mais le corps eſt
de pierre , ſa grandeur eſt d'environ ſix pieds de large & un
peu moins de profondeur , ce
qui fait connoître qu'il n'a point
été fait à autre uſage que pour y
mettre une Relique. Il contient
pluſieurs étages , le bas étoit au-
trefois ſeparé de l'Egliſe par une
grille de fonte. Le premier Plan-
cher eſt ouvert par le milieu , &
il y a comme une Armoire dans
l'épaiſſeur du mur , le ſecond
eſt ouvert d'un côté par une
grille de fer , il y a auſſi une pe-
tite ventouſe dans le mur du côté de l'Egliſe depuis le haut juſques en bas , dans laquelle vray-
ſemblablement on paſſoit autre-
fois une corde , parce que la
pierre en eſt fort usée , & par
bas au droit de l'ouverture où
la Relique étoit exposée , il y
E

avoit des deux côtez une feuil-
leure de bois, ce qui fervoit aux
Religieufes qui étoient au deffus
pour décendre une trappe & enfermer la Relique.

Quelques-uns pourront dire
que fi cela étoit, il en feroit fait
mention dans les Hiftoires du
tems : mais fi les Hiftoriens
ont omis de parler d'Argenteüil & de ce qui y fut fait
par Charlemagne, qui meritoit
bien qu'on en fit memoire, ils
ont bien pû auffi omettre de
traiter de la Relique, n'y ayant
eu que Suger, lequel a vécu long-
tems depuis, qui ait parlé par
occafion du Monaftere. Mais
enfin ce qui manque chez nos
Autheurs fe trouve heureufe-
ment fuppleé par les Eftrangers
dont il a été parlé cy-deffus.

Lors de cette Tranflation, l'E-
glife ordonna deux Meffes, l'une
votive laquelle fe trouve encore
aujourd'huy dans les anciens
Miffels avec une feule Oraifon :

L'autre du jour de la Translation qui se voit dans le susdit Graduel du lieu avec celle cy-dessus, mais d'une autre note & avec trois Oraisons, la premiere commune pour les deux Messes, la seconde de la Croix pour la raison cy-dessus marquée, & la troisiéme de la Sainte Vierge, vray semblablement à cause que la Relique étoit l'ouvrage de ses mains & dans un lieu qui étoit dedié en son Nom.

Le verset de la Messe allegué cy-dessus, qui porte ces termes, *Au jour de la Translation*, &c. *Compagne de la Croix*, avec l'Oraison de la Croix y jointe, sont des circonstances qui font voir que la Messe fut instituée en ce tems, ou bien que lors de l'institution d'icelle, on avoit encore memoire des Titres & de l'Histoire de la Translation, & ainsi ladite Messe doit estre au moins du tems de la découverte de la Relique.

In die Translationis, &c. Comes quoque suit Crucis.

Le Graduel d'Argenteüil donne encore lieu de connoître le jour de la Translation , parce que la Messe s'y trouve inserée apres la Feste de saint Romain, qui étoit le dixiéme d'Aoust, & de sainte Treutemje , & auparavant la Feste de l'Assomption, & partant ce devoit être le douze ou le treziéme d'Aoust.

L'Heure méme en laquelle ce precieux dépost fut receu à toûjours été remarquée dans le lieu, jusques à tel point que lors que le pardon de la Salutation Angelique fut donné & publié dans toute l'Eglise , les habitans du lieu obtinrent permission de le sonner à une heure apres midi, en memoire de ce que la sainte Tunique y avoit été receuë à pareille heure : Et comme depuis quatre ou cinq ans , quelques particuliers discontinuerent de le faire sonner à cette heure pour se conformer à l'usage de l'Eglise , on en fit plainte sur laquellé il fut ordonné par provifion qu'il feroit toûjours fonné en la méme heure.

L'Eglife & le Monaftere d'Argenteüil ayans été ruïnez au tems, ou un peu apres Charles le Chauve, les Religieufes avant que de fe retirer eurent le foin de mettre à couvert la fainte Relique, ainfi qu'il fe voit par la Charte de la découverte : Et comme il fe paffa beaucoup de tems fans que l'Eglife fût rebâtie, la Relique fut auffi longtems dans l'oubli, ce qui n'eft pas ordinaire apres qu'une portion de la Vraye Croix qui étoit dans le Tréfor de l'Eglife de S. Pierre à Rome, fut bien oubliée & la memoire perduë, de telle forte qu'il falut une revelation au Pape Sergius pour la retrouver. Ce qui eft remarqué par Baronius fur l'année fept cens un.

Comme le Monaftere eut efté rebâti par la Reine Alis, Femme de Hugues Capet, environ l'an mil , on y remit encore des Religieuses, comme il est remarqué par Elgaud Moine de Fleuri en la vie du Roy Robert , dont il étoit contemporain : mais elles ne furent pas dignes de recouvrer ce Trésor , & le Pape Honorius du tems de Loüis le Gros les retira pour les envoyer ailleurs & y remit les Moines de S. Denis en l'an 1129. apres avoir veu leurs titres, ce qui est remarqué par Suger au lieu cy-dessus.

La Charte qui contient le recouvrement du Monastere, rapportée au livre 3. Chapitre 13. des Antiquitez de l'Abbaye de saint Denis , adjoûte en parlant du Pape ; *Il nous a rendu le même lieu avec ses dépendances, pour y faire la reformation de l'Ordre ;* ce qui fut fait lors par le Legat du Pape , l'Evêque de Paris & plusieurs autres Prelats avec l'Approbation du Roy.

Quelque-tems apres , & sous

Eumdem nobis locum, cū appendiciis suis ut reformaretur ibi Religionis ordo restituit.

le regne de Loüis VII. en l'année onze cens cinquante six, la
fainte Tunique fut revelée par
un Religieux parmi les Chrêtiens, comme auparavant en la
ville de Zaphar par un Juif parmi des Infideles, & comme en
ce tems il fe fit une affemblée
folemnelle des Prelats d'Antioche, de Conftantinople, de Jerufalem & de plufieurs autres
pour la lever, Hugues Archevêque de Roüen, qui étoit en
grande eftime aupres du Roy
Loüis VII. eut auffi le zele de
reïterer la méme ceremonie en
la maniere qui a efté dit cydeffus.

Cette Hiftoire n'a point efté
contredite jufques à prefent, &
la fainte Tunique a toûjours
efté en veneration dans Argenteüil.

On voit encore dans l'Eglife
le tombeau du Chevalier de
Haute Pierre, décedé en l'an
mil deux cens quatre vint dix-

huit, lequel on dit avoir esté frapé de maladie subite, pour avoir voulu faire couper une parcelle de la Relique par un de ses Domestiques, quoy-que par devotion. La Prose de la Messe exprime cette Histoire en ces termes.

O quam certa proba-tjo; Indiscreta devotjo; Militi fran-gentii; Cui vitæ se-datio Fuit & restauratio Rearum lu-gentij.

O que la devotion indiscrete du Chevalier qui en vouloit couper une piece, fut une preuve asseu-rée de la verité, & vertu de cet-te Relique ! car Dieu le jetta dans une maladie mortelle, puis luy rendit la santé, apres avoir pleuré sa faute.

Les Etrangers ont conservé l'estime & la veneration deuë à cette Relique. Christophorus Morenus en parle en son Traité. De Ordine Chapitre VI. Bernardinus de Bustis qui étoit un Dominicain du tems & auparavant le Pape Alexandre sixiéme en son Marial, Sermon 3. Partie 3. Lettre Y. dit d'un Vicaire General de son Ordre appellé Jean Baptiste de Levanto , qu'un jour en prêchant il dit qu'il avoit vû par deux fois la sainte Tunique dans un certain Village , & ce avec beaucoup de solemnité & de reverence & avec beaucoup de luminaires. Il ne nomme pas le lieu, mais comme il n'y a point d'autre Bourgade où elle pût estre , il s'ensuit qu'il n'a point entendu parler d'un autre lieu que celuy d'Argenteüil.

In quodam castello , Idque cum magna solemnitate & reverencia ac multis accensis luminaribus.

Lors que l'Impression a esté en usage , la Messe votive a esté inserée dans les Missels du Dioceze Imprimez de tems en tems , & particulierement en mil cinq cens quatre, 1543. 1559. & 1585. Desquels le premier & le dernier se trouvent à Nôtre-Dame, & dans la sainte Chapelle ; Il y en a encore une autre d'ancienne Impression dans l'Eglise de saint Pere à Chartres.

Il y a aussi une marque de cette

ancienne devotion dans le Registre des actes du Chapitre de saint Denis, au feüillet douze, où il est dit, *que le premier jour du mois de May, l'an mil cinq cens vingt-neuf, fut apportée la Robbe de Dieu depuis le Prieuré d'Argenteüil, jusques à l'Eglise des glorieux Martyrs saint Denis & ses compagnons en procession solemnelle & que tout le Convent fut en Aubes pour la recevoir.*

La devotion fut encor plus generale en l'année 1534. lors qu'elle fut portée en procession avec la sainte Croix & les autres Reliques de la sainte Chapelle comme il a esté remarqué cy-dessus.

Quelque tems apres, les habitans d'Argenteüil demanderent & obtinrent permission du Roy François premier de faire clore le Bourg pour la seureté de la sainte Robbe.

Enfin apres avoir montré que

la sainte Tunique a esté connuë
par toute l'Eglise, & que depuis qu'elle a esté transferée dans
le Royaume, elle a esté veuë &
reconnuë publiquement en trois
rencontres si celebres sous les
regnes de Charles le Chauve,
de Loüis septiéme, & de François premier qui y furent pre-
sens, je ne croy pas qu'il y ayt
lieu de douter de la verité ny de
la possession de la Relique.

Pour ce qui est de l'integrité
on voit par la Charte par l'histoire du Chevalier de haute
Pierre, & par le temoignage de
Bernardinus de Bustis qu'en
tous ces tems la Relique parois-
soit entiere, à la reserve de ce
qui en fut osté pour donner au
Roy Alfrede & qu'on la dé-
ployoit pour la faire voir. Les
guerres étant survenuës, la
Chasse qui étoit de Christail
avec de l'Argent, fut pillée (on
en conserve encore un morceau)
ce qui obligea d'en faire faire

une autre de bois. Monfieur le Curé d'Argenteüil, natif du lieu a déclaré avoir ouy dire à deux Particuliers dignes de croyance, qu'ils l'avoient veuë entiere & que l'un deux qui étoit fon predeceffeur étoit Clerc & portoit le chandelier lors qu'elle fut montrée au Roy Henry troifiéme; mais que depuis ce tems on ne l'avoit pas gardée avec la méme fidelité, & que plufieurs en avoient pris quelques parcelles, & un autre bon Prêtre natif du méme lieu, a dit en avoir veu une parcelle entre les mains d'un autre Prêtre qui lui avoüa l'avoir prife de la fainte Tunique : c'eft pourquoy fi elle n'eft pas maintenant dans fon integrité, cela ne doit rien diminuer de la verité ny de la veneration que l'on doit avoir pour la Relique.

La devotion a toûjours continué dans Argenteüil, & on dit que les Miracles s'y font communemunement. Cela est conforme à la Prose de la Messe, & si les merveilles que raconte Eusebe d'une Image du vétement de N. Seigneur est veritable, on en peut bien croire autant de l'original.

Monsieur Patu Docteur en Theologie, Curé de S. Martial de cette Ville, a declaré qu'étant extremement incommodé d'un Heresipel au visage, qui le rendoit inhabile au service de l'Eglise, il fut à Argenteüil, se prosterna devant la sainte Relique, & qu'au sortir de l'Eglise il fut gueri, il est encor vivant & prest de reïterer sa declaration toutes fois & quantes qu'il sera requis.

Une fille d'honeste famille de Paris qui estoit en pension dans le Monastere des Religieuses Bernardines du lieu, & qui étoit paralytique depuis sept ans, prit resolution il y a quelque temps de faire une neufvaine devant la Relique, s'y fit porter dans

F

une chaire & obtint sa guerison, ce qui a donné lieu à Monseigneur l'Archevesque d'en faire faire une information fort ample dont il y a procez verbal. J'ay veu plusieurs fois cette fille pendant sa neufvaine, & depuis je l'ay veu aller & venir comme les autres. J'ay aussi apris qu'elle a fait un tres-saint usage de sa guerison en se consacrant entierement au service de Nostre Seigneur & de sa sainte Mere dans ce Convent du mesme lieu.

Ces preuves sont suffisantes pour obliger les personnes dociles & pieuses d'acquiescer à la croyance de cette precieuse Relique, & pour réponce à la demande faite au commencement de ce Traité, la Sainte Vierge nous dit assez par les graces & les merveilles qui s'operent en ce lieu, que c'est en effet la Tunique de son Fils.

Tunica Filij mei est.
Genes. 37.

FIN.

APPROBATION
des Docteurs.

LA veneration que l'Eglise exige des Fideles pour les Reliques des Saints est un des principaux devoirs du Christianisme ; parce que le culte qu'elle rend à ces Athletes genereux de la Milice du Dieu vivant, est un signe de la gloire que ces ames heroïques doivent recevoir dans le temps de la reünion de leurs corps. C'est pour cela qu'on ne sçauroit assez loüer le zele de ceux qui se sont appliquez à la recherche des Saintes Reliques soit qu'ils ayent ramassé leurs cendres precieuses soit qu'ils ayent conservé ce qui peut avoir servy saintement à leurs usages : mais il faut avoüer que s'il y a quelque preference à donner à ceux que la Providence a desti-

F ij

nez pour ces emplois de pieté, il n'en eſt point qui merite plus de reconnoiſſance que ceux qui s'attachent à nous propoſer pour l'objet de nôtre culte & de nôtre veneration, ce qui a appartenu au Verbe Incarné, ou ce qui a été employé à ſes uſages durant le temps de ſon ſejour viſible ſur la terre: de ſorte que cette DIS-SERTATION SVR LA SAINTE TVNIQVE DE NÔTRE SEIGNEVR, qui eſt conſervée dans le Prieuré d'Argenteuïl, eſt un ouvrage digne d'une eſtime ſinguliere, puiſqu'il eſt tel qu'il doit faire dans le cœur de tout ce qu'il y a de Chreſtiens un renouvellement de joye, de reſpect & d'amour pour Nôtre Seigneur, en veuë de cette precieuſe Relique attendu les preuves ſolides par leſquelles on en a verifié la poſſeſſion. Si bien que Monſieur de Gaumont Preſtre ſieur de Chevanes, qui eſt l'Autheur de cette

DISSERTATION, a ſujet d'eſperer de ſes ſoins qu'il cauſera aux Ames Fideles & pieuſes une conſolation extraordinaire par les éclairciſſemens qu'il donne ſur un ſi noble ſujet. Et come Nous en avons fait la lecture avec une exactitude préciſe, Nous en avons auſſi été ſi ſatisfaits en nôtre particulier, que nous regardons cét Ouvrage comme un monument de pieté, qui n'eſt pas moins conſiderable que la Statuë Miraculeuſe qui ſelon le rapport d'Euſebe fut erigée en l'honneur du veſtement de nôtre Seigneur par cette femme de Ceſarée à qui la ſanté fut miraculeuſement renduë par le ſimple attouchement de cette même Robbe du Sauveur. C'eſt le ſentiment dans lequel nous avons donné nôtre Approbation à cette Diſſertation, dans laquelle on ne trouvera rien qui ne ſoit tres-conforme à la Foy Catho-

lique, Apoftolique & Romaine.
A Paris ce Samedy 6. Septembre
mil fix cens foixante-dix.

C. PATU, Docteur de Sorbon-
ne, & Curé de Saint Martial à
Paris.

CHAPELAS, Docteur &
Curé de faint Jacques de la Bou-
cherie à Paris.

PERMISSION.

Permis d'imprimer. Fait ce 24.
Decembre 1670.

DE LA REYNIE.

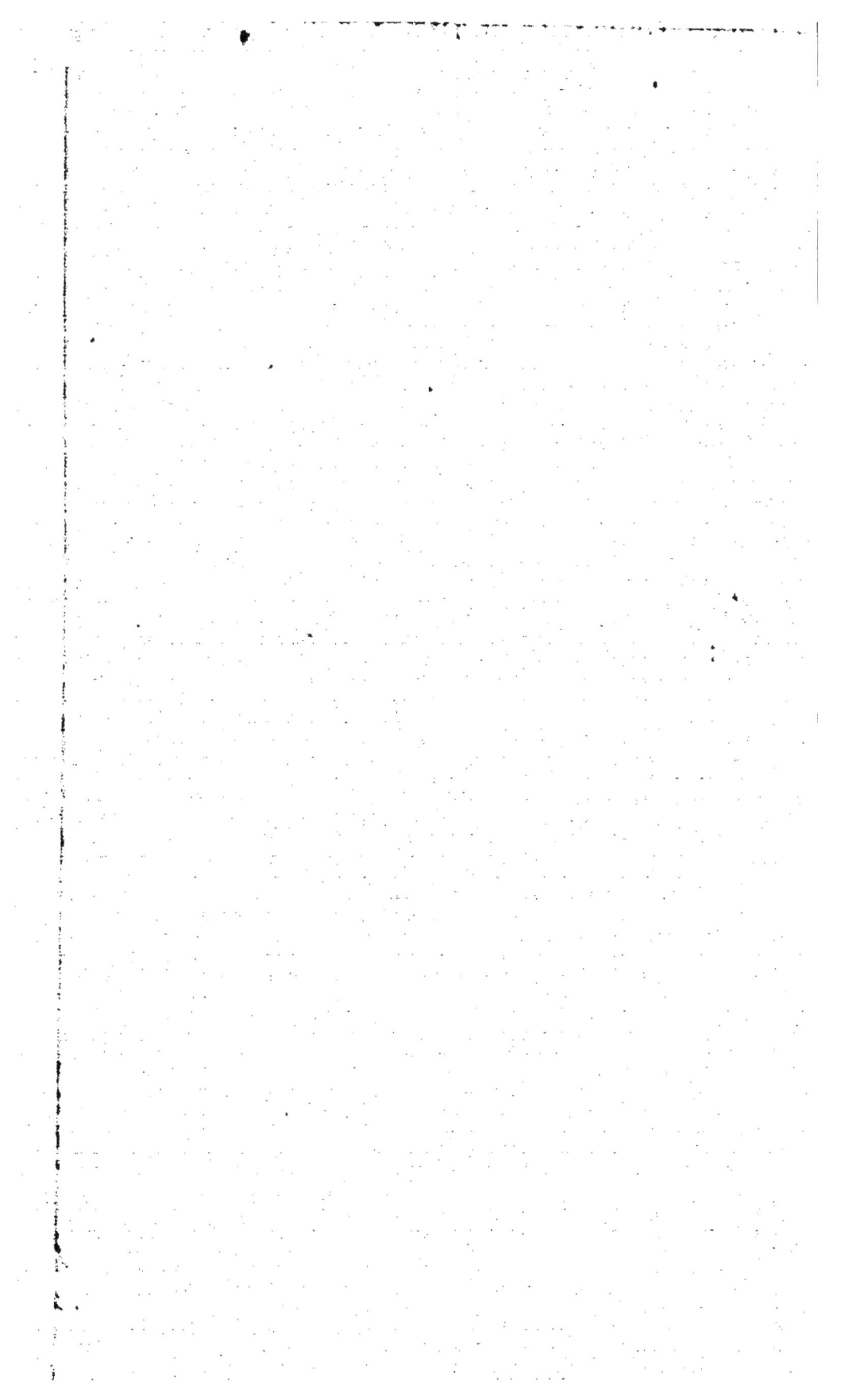

LETTRE
DE
Mr N......
A V.R.P.

Dom Gabriel
Gerberon.

Touchant ce
qu'a écrit contre luy
les P.rs de Gaumont
en sa dissertation
de la S. Tunique
de N. S. ~

Mon R. Peres.

Les Loix de l'amitié
et de la Charité chrétienne
m'obligent de vous donner
avis qu'il paroist une
dissertation sur la S.
Tunique des R. P. ou le
S. de Gaumont que je
ne connois point a entre-
pris de refuter beaucoup
d'endroits des l'histoire
que vous en avez donnée
au public, quoy qu'ils
conviennent avec vous
que cette S. Tunique
est a Argenteüil et c'est
plustôt a vous qu'il en
veut qu'a la verité de cette
precieuse Relique.

Vous avez parlé de
luy avec tant des modes:
ties que lorsques vous
n'entrez pas dans Son
Sentiment touchant —
quelques circonstances
qui ne Sont nullement
considerables vous en
donnez la raison avec
toute l'honnesteté possi:
ble.

On ne comprend donc
pas d'où vient qu'il vous
traitte comme Son plus
grand adversaire Si ce
n'est qu'il Se Soit faché
de ce que vôtre ouvrage
obscurcissoit le Sien ou
que par une humilité
assez bizarre il Se Soit

pag. 27.
38. et 59
de l'hist. —
de la S.
Robe

offensés de la maniere
obligeantes dont vous
avez parlé de luy et
c'est en cela qu'il s'est
fait a luy memes quelq.
justice car des bonnes
foy ceux qui les conn:
oissent ne pouvoient
goûter que vous temoi:
gnassiez tant d'estime
pour un auteur qui n'a
aucune reputation et
qui n'a jamais sceu ny
bien penser ny bien ecrire.

La maniere dont il
entreprend de vous refu:
ter en est une preuve
bien sensible on ne sçait
souvent ce qu'il veut dire

et autant qu'on les peut
entendre, il n'y a point
de raison en tout ce qu'il
dit contre vous.

1.° Il avoit avancé
que l'Eglise des Arch-
anges dont Sozomene
parle est celle où Greg.
de Tours rapporte que
la S.te Tunique se con-
servoit et n'en ayant
aucune preuve voiez
comment il raisonne.
Gregoire de Tours
rapporte qu'on Galatie
on conservoit la Tunique
de N. S. dans une
Eglise des SS. Archanges.
Or Sozomene dit que
l'Empereur Constantin

Chap.
du 2. liu
de son His
tules.

dedia aux S.S. Archan:
ges un temple de Vesta
donc l'Eglise dont parle
Sozomene est celle ou
Gregoire de Tours —
dit que se conservoit
la Tunique de N.S.
Ne voila pas un rai:
sonnement bien juste
neânmoins parceque
vous n'auez pas paru
on ostre conuaincu les
S.rs de Gaumont s'opi:
niastre a le soutenir.
et il s'efforce de repon:
dres aux trois raisons.
qui vous ont empeches
de suiure une conclusi:
on si bien tirée.

p. 4.00.
Sofat
Mart.

La premieres, dites — vous, c'est que l'Eglise dont parle Sozomene n'est pas en Galatie ou Gregoire de Tours dit qu'estoit celle dans un caueau de laquelle on reueroit la S.te Tuni: que de N. S. . Les S.rs de Gaumont ne se diz: conuient pas de ce point. Comment se peut il donc faire que l'Eglise qui estoit en Galatie sut celle qui n'y estoit pas. Pour se debar: asser de cette contra: diction le Sieur de — Gaumont dit hardiment

p. 29. Du chist de la S. robe.

p. 5. de la dissert.

que ceux, qui auoient
rapporté cette histoire
a Gregoire de Tours
s'estoient trompez et
qu'ils auoient pris une
prouince pour l'autre.
Ne voila pas une belle
de faite. J'ayme mieux
donner temerairement
et sans aucune raison
le dementi à ceux qui
auoient fait ce recit
a Gregoire de Tours
que de changer de
sentiment ne voyant
pas qu'il renuerse par
la tout les temoignage
de cette histoire sur
lequel seul il appuye

luy mêmes tout ce qu'il dit
du premier lieu ou nous
Sçauons que la S. Tunique
a esté mise et reuerée par
les Chretiens

Page 2.3.4
De la dissert.

S. Beueil va encore
plus loin parceque pour
appuyer les temoignage
de Gregoire de ʃ Ours
vous auez tres Sçauam:
ent remarqué que des
la naissance de l'Eglise
il y auoit en Galatie des
oratoires Sous le nom
des SS. Anges et parceq.
cette recherche incomm:
ode le S. De Gaumont
et luy donne du chagrin
de n'auoir pas fait cette
descouverte il tache de la

rendre inutile et pour
cet effet il a recours à
la hierarchie Coleste
car on dit quil est fort
dans la mystique. Il
avoüe donc quil y
avoit en Galathé des
Eglises dediées aux S.
Anges mais il nie for:
tement quonque Sans
aucune raison quil y
en eut Sous le nom des
Archanges auxquels
estoit dedieé l'Eglise ou
la Saivée Tunique Se
conservoit. Qui ne
riroit donc Si plaisan:
te distinction et qui ne
croiroit quelle vien t
d'une imagination un

un peu trop échauffée –
Car qui pourroit penser
que le Sr. de Gaumont
qui fait l'historien ne
Sceut pas que toutes –
les Eglises qui Sont
consacrées Sous le nom
de St. Michel ou des
anges Sont Sous le –
patronage de tous ces
Bienheureux Esprits –
Sans distinction d'anges
et d'Archanges. Il n'a:
voit qu'à consulter Son
Breviaire et il eut appris
que l'office qui Se dit
aux festes de la dedicace
des Eglises qui Sont
dediées Sous le nom de
St. Michel est pour tous

ces esprits Saints sans
distinguer Les archan-
ges d'avec les Anges. e
Mais Sans rien consul-
ter que Ses jdées j'l-
S'jmagine auoir par-
faitement renuersé par
cette Subtle distinct-
on la premiere et la
plus forte de vos preu-
ues.

Il répond plus breue-
ment aux deux autres
ou vous remarquez.
1. Que Sozomene
décrit tres exactement
toutes les merueilles
de cette Eglise de St
Michel mais qu'il ne
dit pas un mot de la

Tuniques de N. S. —
dont sans doute il eut
parlé si elles n'eust
esté recouvrée.

2. Que cette Eglise
avoit esté un temple
de Vesta lequel fut
dédié aux SS. Anges
par Constantin et où
personne n'a dit auant
les Srs de Goumont que
la Sacrée Tunique ait
esté mise.

Il repliqua brusque-   P. 5.
ment à cela que vous   n. 6.
vous trompez de croire
que la Relique ait
dû estre dans un même
lieu depuis le commencem^t

de l'Eglise jusqu'au —
Sixieme Siecle. Mais
ie pense qu'il se trompe
luy mesme ou qu'il veut
tromper les autres car
vous n'avez rien avancé
qui ait quelq. rapport
a ce galimatias. Et il
se rend tout a fait ridicule
lorsque voulant se
servir contre vous des
vôtres avgument nega-
tif il dit qu'il ne s'ensuivroit
que ceux qui ont ecrit
des Eglises dediées aux
S.S. Anges en d'autres
lieux n'auroient pas
manqué de faire men-
tion de la Relique si
elle y eut este. Cette
consequence est bonne

mais les bon homme ne
voit pas quelles est contre
luy et quil n'en peut con=
cluire sinon que ces
Reliques n'a point esté
dans les Eglises dediées
aux Anges dont on a
écrit sans dire toutte
fois que ces Reliques
y ait jamais esté ny
par consequent dans
celle dont Sozomene
décrit tout ce quil y
avoit de particulier.

Il ajoute que depuis P. C.
la translation dont
parle St Gregoire de
Tours, il y en a encore
une autre de celle reli=
ques. Ou at il trouvé

ques Greg. de Tours parle,
d'aucune translation —
de la Tunique de N. S.
il n'y en a pas un mot
dans tous ses liures, —
C'est donc une vision —
du S.r de Gaumont. —
Que si par cette autre
translation il entend
une autre que de Ga-
lates et Jaffas, ou de
Jaffa a Jerusalem et
de là a Constantinople,
c'est encore une imagina-
tion creuse.

P. 13.
et 14. Il vous attaque encore,
dans un autre endroit
ou il soûtient que la S.
Robe et la S. Croix
fuvent mises dans un
                    même

mêmes reliquaires et
quelles ont esté trans-
portées ensemble en
Perse par Chosroës.
Toute la preuve qu'il   P. 9.
en donne c'est qu'Aimoin
dit que la S. robbe fut
portée de Jaffa a
Jerusalem quelle fut
mise au mesme lieu ou
on adoroit la S. Croix   P. 12.
et que dans l'office
de la Messe de la S.
Tunique il y a un
verset qui dit quelle
a esté la compagne
de la Croix, Comes
quoque fuit Crucis,
J'ouy n'auons pas cru que
cela prouua que la S.

tuniques ait esté transpor-
tées dans tous les lieux
ou la esté las S. Croix
n'y qu'elles ait esté ench:
a ssée dans un même—
Reliquaires mais seule
ment qu'elles fut mise
dans le trésor ou on
con servoit et ou on verra-
roit las S. Croix.

C'est icy que les S.rs
de Gaumont s'emportes
contre vous d'ce que
vous nes les Ruinez pas
dans tous les voyages
qu'il fait faires a las S.
robes et qu'il se plaint
que vous rejettez ses
provues. Il devroit un
peu moderer son zele

.14.
5. 16.

car vous ne rejettez pas
Ses preuues et vous dites
Soulement quelles ne
vous paroissent pas
a sses concinincquantes
comme aussi ne le Sont
elles pas, vous nes desa:
uoüez pas memes que
Heraclius ait emporte
la S. Tunique a Cons:
tantinople lan 633.
Lorsquil y transporta
la S. Croix, mais comes
vous nestes pas d'hum:
eur a alleuuer quelque
chose Sansen auoir de
Bonnes preuues vouues
n'auues pas ozé Soûtenin
cequeles S.rs de Gaumont
nuanes hardiment Sur

des temoignages qui ne
concluent pas asser.

p. 12. Je remarquerai aussi qu'il
n'a pas traduit avec asser
de bonne foy le texte du
verset qu'il cite, et que
pour rendre sa preuve
plus forte il y ajoûte
ces mots: On les aussi
precieusement conservée
avec le Sacré bois de la
Croix qui ne sont point
dans le texte latin qu'il
rapporte.

p. 17.
p. 18. Enfin il croit vous
avoir accablé en disant
que les autoritez que
vous alleguées au Chap.
13. de vôtre histoire
se contredisent et que

las premieres et la derniere
sont fondées sur ce que
Doublet rapporte du voy-
age de Charlemagne en
orient. Le S.r de Gaumont
devoit marquer ces pres-
tendües contradictions
qui ne paraissent qu'a
luy car il n'est pas asses
connu pour qu'on les
croye a sa parole, j'ay
lû et relû tout ce chap-
itre et je n'y ay pas
apperceu les moindres
ombres d'aucune contra-
diction. Que s'il a
pris pour vne contra-
diction que l'Empera-
trice Irene ait fait
present de la S.te robe a
Charlemagne et que

L'Empereur Constantin
la luy ait envoyés il devoit
penser que Irene estant la
mere de Constantin et
gouvernant l'Empire avec
luy on a pû dire sans
aucune contradiction
qu'Irene a donnés cette
relique a Charlemagne
et que Constantin las
luy a envoyés.

p. 18. Quand a ce qu'il ajoute
du voyage de Charlemagne
en Orient il vous en jm
pose. Car je sens que
bien loin de le croire ou
de le supposer vous avez
vous memes pris la peine
de recherher et d'exami
ner les manuscrits qui

en parlent et que vous
avez reconnu que c'est
une fable. Il est vray
que vous ditos avec nos
historiens que Charle-
magne voient cette pre-
cieuses reliques de l'Im-
peratrice Irene Mais
tout autres que les S.rs
des Gaumont auroit bien
veu que Charlemagne
a pû recevoir ce present
de l'Imperatrice Irene
par Ses Ambassadeurs
comme en effet il la
receu Sans qu'il Soit
necessaire qu'il ait
passé en Orient.

Il vous faitencores
un proces Sur ce que   fl. 35.
                           de la diss.
                           art.

vous alleguez les temoignages
de Calvin pour prouver
que las S. robe, a la forme
d'un ancien eschasuble,
mais en effet il les dit
dans son ridicule, qu'on
vous a enuuyes et c'est une
imposture que de faire
croire comme, fait les
s.rs de Gaumont que c'est
vous qui les luy faites
dire.

Voyla, Mon R.. Pere,
ceque l'amitie que je
vous dois ma fait rem-
arquer dans cette disser-
tation quy est tres mal
conciiie, et quy n'est propre qu'a la Sr. la pa-
tience des honnêtes gens,

13

Ses amys ne croyent
pas quelles merite que
vous vous donnies la
peine d'y repondre et
un de ceux a quy l'on en
a fait present disoit
dernievement en bonne
compagnie quil auoit
veu cette piece mais
que c'estoit si peu de
chose quil n'auoit pû
achever de la lire et
quelle ne valloit pas
la peine que vous vous
en scandalisassiez.

Au reste il sçauhent
auec vous que la
Tunique de N. S. a
esté enuoyee d'orient
a Charlemagne, que

cet Empereur la donna
a sa fille Theodrade
pour lort Abbesse du
Monastere d'Argenteüil
et qu'elle y a toujours
etté conservée. C'est
tout les fond de vôtre
hittoire témal est quel
y a bien de petits esprits
qui doutent des verites
les mieux attablies de
quils voyant que quel-
qu'vn en contelte les
moindres circonstances
sans faire aucun diecr-
nement. Mais il ne faut
faire ethime ques du
jugement des Sages et
Si on S'arrestoit auxronds

a toutes les impertinences
on n'auroit jamais fait.
C'est a vous de voir
comment vous en devez
uter. Pour moy j'ay
fait ce que j'ay dû,
donnez moy quelque
part a vos prieres. /.

B.

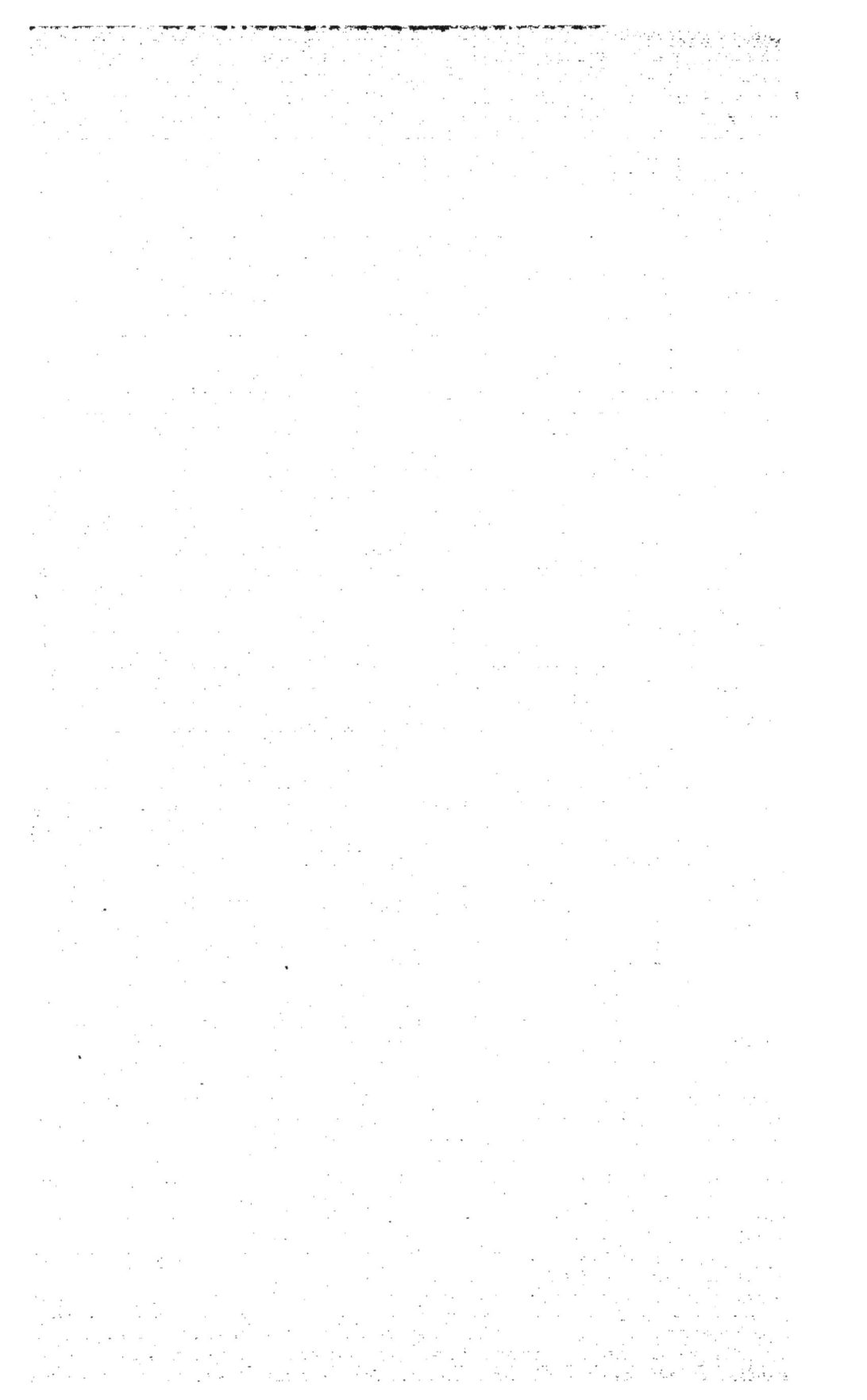

Reponse
des Dom Gabriel
Gerberon a la lettre
d'un de ses Amys.

Monsieur,

Je vous suis infinim.t
obligé des l'avis que vous
me donnez et des remar:
ques que vous avez
faites sur la nouvelle
dissertation de Mons.r
de Gaumont, jl nous en
avoit fait déja la grace
de nous temoigner et je
vous confesse que nous
aurions esté un peu sur:
pris dere qu'il s'est fait

un point d'honneur d'écrire
contre mon histoire de la
S. Robe de N. S. On
dit qu'il s'est offencé de
ce que j'ay travaillé sur
un sujet qu'il pensoit avoir
epuisé mais je puis vous
protester que je ne luy
en voy pris qu'apres qu'on
luy en a parlé et qu'il
en a temoigné de la joye.
D'ailleurs il fait profes.
sion d'une si haute
piété que je ne serois
entrer dans ce sentim=
ent. J'ayme mieux croire
qu'il s'est étudié a me
refuter que par un zele
qu'il a eu de soûtenir

ce qu'il auroit auancé :—
Cela ne se doit il pas
pardonner a son auteur.
Si vous le connoissiez
vous l'auriez dauantage
epargné.

J'estime donc qu'on le
doit traitter plus dou-
cement Et Suiuant l'auis
de ceux qui en jugent le
mieux auec vous je ne
croy pas que je doiue
luy repliquer. Les
remarques que vous
auez faites sur ce qu'il
dit contre moy en sont
vne plus que Suffisante
refutation. Je m'en tiens
la et Suis votre tres-

obligé Serviteur . 1.
F. Gabriel —
Gerberon 1.

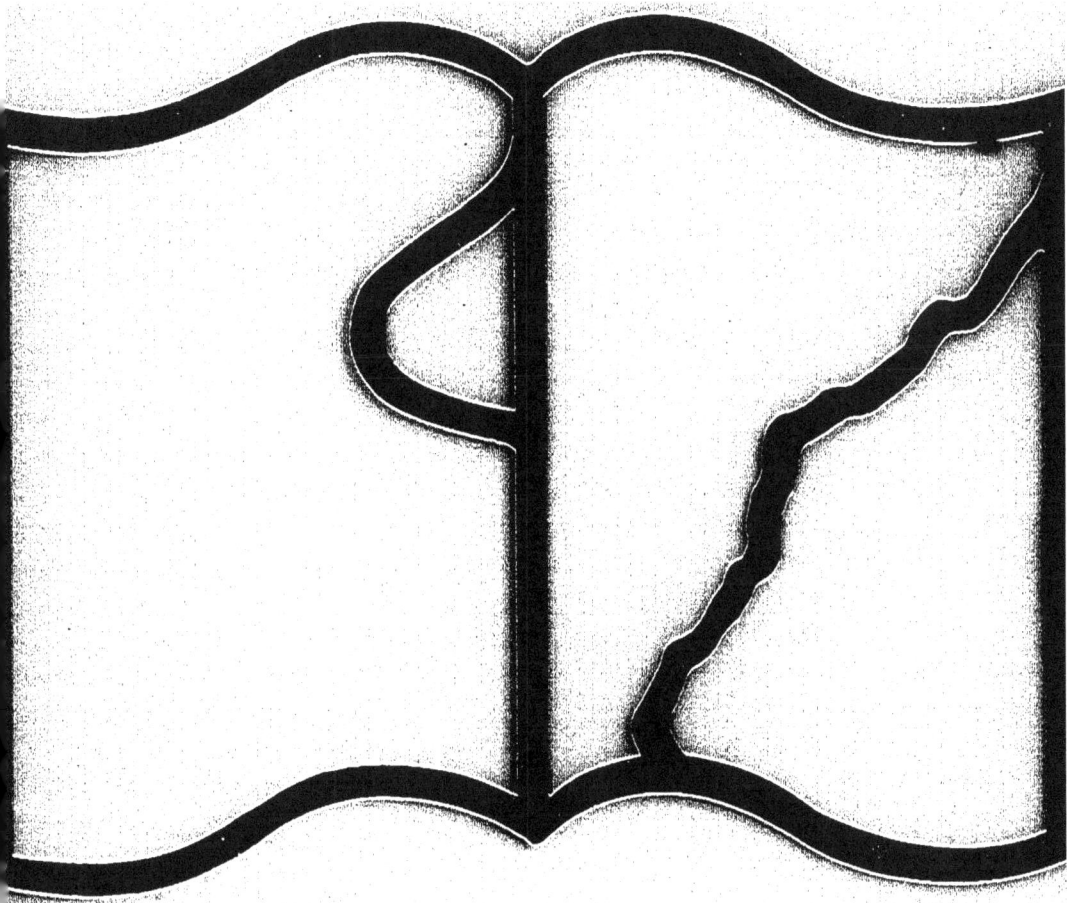

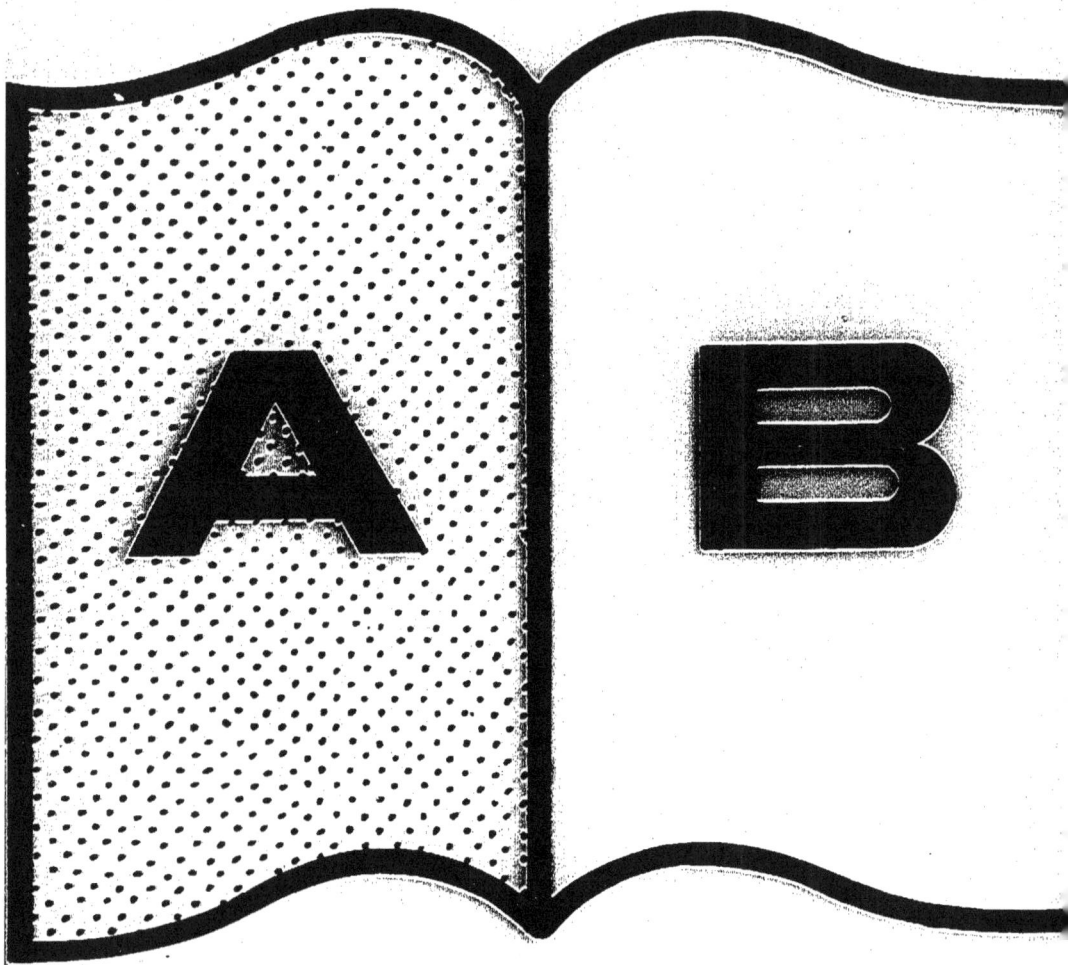

Contraste insuffisant

NF Z 43-120-14